Rüdiger Bertram

Abenteuer am wilden Fluss

Mit Bildern von Heribert Schulmeyer

Ravensburger Buchverlag

Bibliografische Information der Deutschen Nationalbibliothek:

Die Deutsche Nationalbibliothek verzeichnet diese Publikation
in der Deutschen Nationalbibliografie.
Detaillierte bibliografische Daten sind im Internet
über http://dnb.d-nb.de abrufbar.

Für Sabine

1 2 3 4 5   E D C B A

Ravensburger Leserabe
© 2015 Ravensburger Buchverlag Otto Maier GmbH
Postfach 18 60, 88188 Ravensburg
Umschlagbild: Heribert Schulmeyer
Umschlagkonzeption: Anne Seele
Printed in Germany
ISBN 978-3-473-36468-8

www.ravensburger.de
www.leserabe.de

Inhalt

Der Staudamm	8
Die Flussfahrt	18
Der Feuermacher	28
Die Indianer	38
Die Heimkehr	48

Lesespaß für dich & mich

Mit Comics kann man nicht Lesen lernen? Kann man doch!
Und zwar ganz einfach:

Die langen Texte werden von einem erfahrenen Leser vorgelesen.

Die Texte in den Sprechblasen sind für Leseanfänger.

Damit man nicht durcheinanderkommt, sind die Texte für Leseanfänger mit farbigen Balken am Rand markiert.

Wie jedes Buch wird auch dieses Buch von links nach rechts und von oben nach unten gelesen. Ist doch klar wie Kloßbrühe, oder? Natürlich kann der Leseanfänger auch einen Teil der langen Texte übernehmen, wenn ihm die Sprechblasen nicht reichen.

Mit diesem Buch könnt ihr ganz nach Lust und Laune gemeinsam lesen!

Der Staudamm

Jenny und Roter Zeh bauen einen Staudamm. Es soll der schönste und größte Damm der ganzen Welt werden. Jennys Eltern besitzen eine kleine Farm, auf der anderen Seite des Waldes. Sie sind erst vor ein paar Jahren mit einem großen Segelschiff von Deutschland nach Amerika ausgewandert. Dort angekommen, haben sie ein Stück Wald gerodet, auf dem Land Getreide ausgesät und eine Blockhütte gebaut.

Roter Zeh wohnt auf der gegenüberliegenden Seite des Waldes in einem Zelt und ist der Sohn eines Medizinmannes. Sein Indianerstamm lebt dort schon sehr, sehr lange. Nicht einmal die Stammesältesten können sich erinnern, ihre Zelte jemals irgendwo anders aufgeschlagen zu haben.
Die Indianer und die Siedler mögen sich nicht besonders, aber das stört Jenny und Roter Zeh nicht. Sie mögen sich trotzdem.

Die beiden Kinder sind ganz früh aufgestanden, um sich heimlich am Fluss zu treffen. Ihre Eltern haben ihnen verboten, zusammen zu spielen.
„Wehe, ich erwische dich noch einmal mit diesem rothäutigen Jungen", schimpft Jennys Vaters ständig.
„Wehe, ich erwische dich noch einmal mit diesem weißhäutigen Mädchen", schimpft auch Roter Zehs Vater immer wieder.
Dabei müssen sie sich doch treffen, um weiter an ihrem Staudamm zu bauen. Seit Tagen arbeiten sie schon an dem Damm, der das Wasser in einem kleinen Seitenarm des großen Flusses stauen soll. Der Fluss fließt quer durch den Wald und danach durch die weite Prärie, zwischen tiefen Schluchten hindurch, bis er schließlich ins Meer mündet. Aber das ist weit, weit weg. Jenny weiß das, weil sie mit ihren Eltern von der Küste mit einem Planwagen zu ihrem neuen Zuhause gereist ist.

Der Staudamm der beiden Kinder ist schon fast fertig und reicht von einer Seite des Ufers bis zur anderen. Roter Zeh hat sich vorher genau überlegt, welcher Ast an welche Stelle gehört und wo sie den schlammigsten Matsch herkriegen, um die Löcher zwischen den Ästen zu stopfen. Der Indianerjunge ist ein toller Baumeister, macht sich aber nicht gerne die Hände dreckig.
Jenny stört es überhaupt nicht, wenn sie beim Spielen schmutzig wird. Sie liebt es, im Schlamm zu wühlen und schwere Äste zu schleppen.
Ein letzter langer Ast fehlt noch, dann ist die Arbeit an ihrem Staudamm abgeschlossen.

Der Indianerjunge und die drei Biber sehen Jenny dabei zu, wie sie den letzten langen Ast zu ihrem Staudamm schleppt. Der Ast ist so schwer, dass Jenny ihn kaum tragen kann.

„Du kannst mir ruhig mal helfen", ruft Jenny.

„Tu ich doch", erwidert Roter Zeh. „Ich sag dir, wo der Ast hin muss. Leg ihn einfach oben drauf."

Als Jenny auf den Staudamm klettert, rutscht sie auf dem nassen Holz aus und landet PLATSCH! in dem tiefen Wasser, das sich vor ihrem Damm gestaut hat.

Sofort springt Roter Zeh auf und watet in den Fluss, um seiner Freundin zu helfen. Aber nur bis zu den Knien. Weiter traut er sich nicht.

„Jenny? Wo bist du? Jenny!", ruft Roter Zeh besorgt. Er hat Angst, dass seine Freundin ertrunken ist, weil sie gar nicht mehr auftaucht.
Plötzlich schießt Jenny hinter ihm aus dem Wasser und spritzt den Indianerjungen mit beiden Händen nass.
„Um mich brauchst du dir keine Sorgen zu machen", sagt Jenny und lacht. „Ich kann schwimmen und tauchen wie ein Fisch."
„Das war nicht komisch." Roter Zeh ist sauer und schlägt so fest auf das Wasser, dass Jenny die Tropfen um die Ohren fliegen.

Die beiden Kinder haben so viel Spaß, dass sie ihre Väter gar nicht kommen sehen.

„Jenny, komm sofort aus dem Fluss raus", brüllt auf einmal eine Stimme.

„Roter Zeh, was machst du da im Wasser?!", brüllt kurz darauf eine andere.

Ihre Väter stehen am Ufer des Flusses und starren zuerst wütend auf ihre Kinder, dann starren sie sich gegenseitig wütend an.

„Aber wir spielen doch gerade so schön", sagt Jenny und Roter Zeh ergänzt: „Schau mal, wir haben so einen tollen Staudamm gebaut."

Aber der Damm interessiert ihre Väter ebenso wenig wie die lustige Wasserschlacht, die sich Jenny und Roter Zeh geliefert haben. Die Männer steigen zu den Kindern ins Wasser und zerren sie an ihren Armen aus dem Fluss. Dabei rufen sie sich gegenseitig ein paar wirklich üble Schimpfwörter zu.

Als die beiden Väter wieder an Land klettern wollen, rutschen sie aus und landen mit der Nase im Matsch.

Danach sind die beiden noch schlechter gelaunt als zuvor. „Ich verbiete dir ein für alle Mal den Umgang mit diesem Jungen!", brüllt Jennys Vater. „Zur Strafe kriegst du heute Abend keinen Haferschleim."

„Nie wieder triffst du dich mit diesem Mädchen, damit das klar ist!", brüllt Roter Zehs Vater. „Und heute Abend gehst du ohne deine Portion Pemmikan ins Bett." Pemmikan ist eine Spezialität der Indianer und besteht aus getrocknetem Fleisch und viel, viel Fett. Roter Zeh mag kein Pemmikan und Jenny keinen Haferschleim. Deswegen ist es für beide keine große Strafe, dass ihr Abendessen heute ausfällt.

Die zwei Freunde zwinkern sich zu, während sich ihre Väter weiter anbrüllen. Dabei bemerken sie gar nicht, dass Jenny und Roter Zeh hinter ihrem Rücken bereits ihre nächste Verabredung planen.

Als sich ihre Väter endlich ausgebrüllt haben und nur noch heiser krächzen können, müssen die Kinder endgültig nach Hause. Jenny geht mit ihrem Vater zu ihrer kleinen Farm und Roter Zeh mit seinem Vater in ihr Indianerdorf.

Die Flussfahrt

Roter Zeh liegt wach im Zelt. Es ist noch ganz früh am Morgen. Rechts und links neben ihm schnarchen seine Brüder und seine Schwestern. Aber das ist nicht der Grund, warum er nicht schlafen kann. Er liegt wach, weil er sich über seinen Vater ärgert und über den von Jenny auch. Wie können die einfach so verbieten, dass seine Freundin und er zusammen spielen?
Plötzlich hört er draußen ein Geräusch. Vielleicht ist es ein Luchs? Oder ein Bär? Oder eine Schlange?
Roter Zeh ist kurz davor, seinen Vater zu wecken, als jemand die Zeltplane hochschlägt. Es ist Jenny.

Komm mit!

Wohin?

Zum Fluss.

Schnell klettert Roter Zeh unter seinem Bärenfell hervor und schnappt sich sein Stirnband mit der Adlerfeder.
Dann schlüpft er unter der Zeltplane hindurch und läuft mit Jenny zum Fluss.
Draußen ist es noch kühl, weil die Sonne gerade erst aufgeht. Aus den Wiesen steigt der Nebel und in den Bäumen singen die Vögel ihr Morgenlied.
„Wollen wir weiter an unserem Staudamm bauen?", fragt Roter Zeh.
„Nein, wir hauen ab", antwortet Jenny und zeigt auf die Indianerkanus, die am Ufer liegen. „Ich habe schon alles vorbereitet."

Jenny hält das Kanu fest, damit Roter Zeh einsteigen kann, ohne dass das Boot umkippt. Als er sitzt, schiebt sie es ins Wasser und springt schnell hinterher. Die Strömung erfasst ihr Kanu und treibt es langsam den Fluss hinunter.

„Was ist denn da drinnen?" Roter Zeh zeigt auf ein paar Säcke, die prall gefüllt hinten im Kanu liegen.

„Feuersteine, etwas zu essen, Sachen zum wechseln und was wir sonst noch so brauchen", erwidert Jenny.

„Ist das Essen auch für mich?", fragt Roter Zeh.

„Klar doch", entgegnet seine Freundin. „Und jetzt gib mir mal das Paddel, damit wir schneller vorankommen. Der Fluss ist ja langsamer als meine Oma."

Die Kinder durchsuchen das ganze Kanu. Sie schauen hinter den Säcken nach und unter ihren Sitzen. Aber ein Paddel finden sie nicht.

„Jetzt sag nicht, du hast das Paddel am Ufer liegen lassen?", schimpft Jenny.
„Wieso ich? Du hast doch alles eingepackt", erwidert Roter Zeh sauer.
„Ich bin doch nicht dein Kindermädchen!"
„Ich brauche auch gar keines!"
Danach schweigen beide beleidigt. Jenny starrt eingeschnappt in die Luft und Roter Zeh beobachtet das Flussufer, um nicht die ganze Zeit den Rücken seiner Freundin anstarren zu müssen.
Nach einer Weile fällt ihm auf, dass die Bäume am Ufer immer flotter an ihnen vorbeiziehen. Anfangs war die Strömung nur ganz schwach, jetzt aber fließt das Wasser immer schneller und schneller.

Roter Zeh zeigt nach vorne, wo der Strom an einer Biegung immer wilder wird. Auf dem Wasser hat sich weißer Schaum gebildet, weil sich der Fluss dort zwischen ein paar Felsen hindurchzwängt.

„Was machen wir jetzt?", fragt Jenny.
„Augen zu und durch", antwortet Roter Zeh, weil sie ohne Paddel ja sowieso keine andere Chance haben, schnell ans Ufer zu rudern.
Die Kinder machen sich ganz klein, klammern sich an die Wände ihres Kanus und ziehen die Köpfe ein.
Da hat ihr Boot auch schon die ersten Stromschnellen erreicht und wird von den Wellen hin und her geworfen.
Als Roter Zeh kurz seinen Kopf hebt, sieht er, dass ihr Kanu direkt auf einen Felsen zutreibt.

Doch dazu bleibt gar keine Zeit mehr, weil genau in dem Augenblick eine Welle in das Boot schlägt. Als sie wieder etwas sehen können, liegt der Felsen hinter ihnen.
„Hurra!", brüllt Jenny glücklich.
„Wir haben es geschafft!", ruft Roter Zeh erleichtert.
Doch da haben sich die beiden zu früh gefreut. Im nächsten Moment stößt ihr Kanu an einen anderen Felsen, der unter Wasser liegt und deswegen kaum zu sehen war. Ihr Boot wird in die Höhe geschleudert und alle die Säcke mit ihrer Verpflegung und ihrer Ausrüstung fliegen in hohem Bogen in den reißenden Fluss.

Als ihr Kanu wieder auf dem Wasser aufsetzt, werden die Kinder kräftig durchgeschüttelt. Sie sind beide ganz nass und trotzdem froh, dass sie nicht über Bord gegangen sind. Aber viel Zeit, sich darüber zu freuen, haben sie nicht. Vor ihnen liegen schon die nächsten Stromschnellen.

Zwischen den Steinen im Fluss haben sich gefährliche Strudel gebildet, die ihr Kanu in die Tiefe ziehen wollen. Ohne ein Paddel müssen sich die Kinder immer wieder an den Felsen abstoßen, um sich aus den Untiefen zu befreien. Ab und zu nehmen sie auch die Hände zur Hilfe und rudern damit durch das Wasser, um schnell an besonders heimtückischen Strudeln vorbei zu kommen.

Nach ein paar weiteren Stromschnellen beruhigt sich das Wasser endlich. Der Fluss fließt jetzt wieder genau so träge dahin wie zuvor.

„Da treibt unser Essen! Und unsere Ausrüstung." Jenny zeigt nach vorne, wo ihre Säcke gerade hinter einer Biegung verschwinden. „Die sind futsch! Die holen wir niemals wieder ein!"

„Aber da vorne ist ein Ast", ruft Roter Zeh. „Los, schnapp ihn dir."

„Was soll ich damit? Der Fluss ist hier doch viel zu breit, um einen Staudamm zu bauen", erwidert Jenny.

„Doch nicht dafür", entgegnet Roter Zeh. „Den Ast können wir als Paddel benutzen."

Der Feuermacher

Der Ast ist zwar kein richtiges Paddel, trotzdem gelingt es Jenny damit, ihr Kanu in der Mitte des Flusses zu halten. Da ist das Wasser am tiefsten und deswegen die Gefahr nicht so groß, dass Steine die Haut ihres Kanus aufschlitzen. Ein Leck hat ihr Kanu schon. Wahrscheinlich sind sie in den Stromschnellen an einem spitzen Felsen hängen geblieben. Das Wasser sprudelt so kräftig, dass die Kinder es mit ihren Händen gar nicht schnell genug aus dem Boot schöpfen können.

Die Kinder streiten noch eine Weile, wer sich von den beiden auf das Loch setzen soll, um es abzudichten. Schließlich fällt die Entscheidung auf Roter Zeh, weil Jenny mit dem Ast schließlich ihr Kanu lenken muss. Der Junge hockt sich direkt auf das Loch, so dass kein Wasser mehr ins Boot laufen kann. Dabei kriegt er einen ganz nassen Hintern. Aber das ist ihm egal, weil Jenny und er von ihrer Wildwasserfahrt ja sowieso schon völlig durchnässt sind.

„Wo wollen wir überhaupt hin?", fragt Roter Zeh.
„Egal", antwortet Jenny. „Irgendwohin, wo uns niemand verbietet, Freunde zu sein."
„Und was essen wir bis dahin?", fragt Roter Zeh. „Ich habe Hunger."

Jenny lenkt ihr Kanu ans Ufer. Dort ist ein Kiesstrand, hinter dem ein Wald liegt. Die Kinder ziehen ihr Kanu auf die Steine und steigen aus.

„Machst du schon mal ein Feuer an? Daran können wir unsere Sachen trocknen und später den Fisch grillen", schlägt Jenny vor.

„Wie denn? So ganz ohne Feuersteine?", fragt Roter Zeh. „Ich dachte, Indianer brauchen nur zwei Stöcke, um ein Feuer zu machen", erwidert Jenny. „Probiere es doch einfach mal. Ich fang in der Zwischenzeit ein paar Fische."

Roter Zeh macht sich auf die Suche nach zwei kleinen Stöcken und nach etwas trockenem Gras. Er glaubt zwar nicht, dass er damit Feuer machen kann, aber versuchen will er es trotzdem. Das Gras legt er am Strand auf einen kleinen Haufen und beginnt dann, darüber die beiden Hölzer aneinander zu reiben. Aber ein Funke, der das Gras in Brand steckt, entsteht so nicht. Da kann er noch so doll reiben.

Jenny watet in den Fluss, bis ihr das Wasser zu den Knien reicht. Dann beugt sie sich nach vorne und wartet darauf, dass ein Lachs direkt an ihr vorbeischwimmt. Da taucht vor ihr auch schon der erste Fisch auf. Jenny zögert einen Moment, dann greift sie schnell zu. Aber sie ist viel zu langsam. Als ihre Hände in den Fluss eintauchen, ist der Lachs längst verschwunden.

Mit einem Mal spürt Roter Zeh, wie seine Finger warm werden. Durch die Reibung sind die Stöcke plötzlich ganz heiß geworden. Der Indianerjunge reibt die Hölzer noch ein bisschen schneller aneinander und tatsächlich: Ein kleiner roter Funke fällt von den Stöcken in das trockene Gras darunter und dann noch einer und noch einer und noch einer. Der fünfte Funke entzündet das Gras, so dass schnell ein kleines prasselndes Feuer entsteht.

Genau in dem Augenblick, in dem Roter Zeh das Feuer entfacht hat, ist ein großer Lachs direkt zwischen Jennys Beinen hindurchgeschwommen. Das Mädchen hat blitzschnell zugegriffen, den Fisch gepackt und aus dem Wasser gezogen. Der Lachs windet sich in ihren Händen, aber Jenny hält ihn so fest, dass er sich nicht befreien kann.

Jenny läuft mit dem Fisch zurück an Land, wo Roter Zeh gerade noch ein paar Äste auf das Feuer gelegt hat, um es am Brennen zu halten.

„Das hast du super gemacht", lobt Jenny ihren Freund.
„Du aber auch", entgegnet Roter Zeh und zeigt auf den Fisch. „Davon werden wir bestimmt beide satt."

Während Roter Zeh sich weiter um das Feuer kümmert, bereitet Jenny den Lachs für den Grill vor. Dabei setzt sie sich ganz nah an die wärmenden Flammen, um ihre nassen Sachen zu trocknen. Auch Roter Zeh hockt ganz dicht am Feuer. Sachen zum Wechseln haben sie ja nicht mehr, die treiben irgendwo den Fluss hinunter. Aber weil auch die Sonne mittlerweile schon hoch am Himmel steht, ist ihre Kleidung ganz schnell getrocknet.

Die Kinder starren eine ganze Weile in die Flammen, ohne ein Wort zu sagen.
„Aber sie sind doch selber schuld!", ruft Jenny plötzlich. „Hätten sie uns nicht verboten, miteinander zu spielen, hätten wir nicht weglaufen müssen."
Roter Zeh nickt nur traurig. Dann starren sie wieder ins Feuer und denken an ihre Eltern. Die beiden Kinder stellen sich vor, wie ihre Väter überall nach ihnen suchen.
„Ist der Fisch bald fertig?", fragt Roter Zeh, um die trüben Gedanken zu verscheuchen.
„Der braucht noch ein bisschen", antwortet Jenny. „Aber nicht mehr lange."

Die Aussicht, endlich etwas zu essen zu bekommen, verbessert ihre Laune schlagartig. Der gebratene Lachs duftet herrlich. Roter Zeh hat ihn vor dem Grillen mit ein paar Wildkräutern eingerieben, die er am Waldrand gefunden hat.
„Ich hole noch ein bisschen Holz", sagt Roter Zeh, weil ihr Feuer schon fast heruntergebrannt ist.
Der Indianerjunge läuft schnell in den Wald, um dort nach losen Ästen und Zweigen zu suchen. Sein Magen knurrt schrecklich laut, weil man den gegrillten Fisch sogar zwischen den Bäumen noch riecht und er immer noch fürchterlichen Hunger hat. Aber neben seinem Magenknurren ist noch ein anderes Geräusch zu hören. Ein Brummen, wie von einem Schwarm Bienen.

Bienen?! Dann gibt es Honig zum Nachtisch.

Die Indianer

Das Brummen stammte nämlich gar nicht von einem Schwarm Bienen, sondern von einem Bär. Roter Zeh schlägt ganz viele Haken und rennt im Slalom durch den Wald. Er hofft, dass er so den Bären abhängen kann. Aber der lässt sich nicht abschütteln. Ganz im Gegenteil: Er kommt immer näher, weil er die Zweige und Äste mit seinen großen Tatzen einfach zur Seite schlägt.

Roter Zeh kann jetzt schon den Kiesstrand sehen, auf dem Jenny am Feuer auf ihn wartet. Sie ist aufgesprungen, weil sie wissen will, warum ihr Freund so laut um Hilfe ruft.

Aber die Kinder haben gar keine Zeit zu streiten. Dazu ist der Bär viel zu groß und brummt viel zu brummig. Jenny und Roter Zeh laufen so schnell sie können zu ihrem Kanu und springen hinein.

Durch den Schwung rutscht ihr Boot über die Steine in den Fluss. Diesmal setzt sich Jenny auf das Leck. Sie greift nach dem Ast und fängt an zu paddeln. Roter Zeh beugt sich über die Bootswand und hilft mit den Händen nach.

Dabei ist das gar nicht mehr nötig. Der Bär hat es sich am Ufer bequem gemacht und lässt sich den gegrillten Lachs schmecken, dessen Geruch ihn aus dem Wald gelockt hat.

„Schade um den schönen Fisch", sagt Jenny, als sie sich noch einmal nach ihrem Lagerfeuer umdreht.
„Besser der Bär isst unseren Fisch, als dass der uns auffrisst." Roter Zeh paddelt immer noch wild mit den Händen und hört erst damit auf, als seine Freundin ihm erklärt: „Das Paddeln kannst du dir sparen, der ist satt."
Es dauert eine Weile, bis sich die Kinder von dem Schreck erholt haben. Vor lauter Aufregung haben sie sogar ihren Hunger vergessen. Sie lassen sich einfach von der Strömung treiben und hängen ihren Gedanken nach.

Da hat Roter Zeh Recht. Ohne richtiges Paddel haben sie keine Chance, gegen die Strömung anzurudern. Sie können sich einfach nur treiben lassen.
„Wo endet der Fluss überhaupt?", will Roter Zeh wissen.
„Im Meer", antwortet Jenny. „Alle Flüsse fließen ins Meer. Das Meer ist endlos."
Jenny weiß das, weil sie mit ihren Eltern über das Meer nach Amerika gesegelt ist. Roter Zeh weiß das nicht. Er war noch nie am Meer, und dass es so riesig sein soll, macht ihm ein bisschen Angst.

„Und wie ist es sonst so, das Meer?", will er wissen.
„Manchmal ist es ganz still und ruhig, dann wieder stürmisch und wild", erzählt Jenny, weil sie es bei ihrer Überfahrt genauso erlebt hat.
„Genau wie unsere Väter", erwidert Roter Zeh und lacht.

„Das sind keine Freunde!", ruft Roter Zeh. „Die gehören zu einem Indianerstamm, der mit unserem verfeindet ist."
„Aber wieso denn?", fragt Jenny.
„Unsere Stämme liegen schon so lange im Streit miteinander, dass sich niemand mehr erinnern kann, warum das so ist", antwortet der Indianerjunge.
„Dann redet doch einfach mal miteinander", schlägt Jenny vor.
„Die wollen aber nicht reden", ruft Roter Zeh. „Kopf runter!"
Jenny duckt sich und auch Roter Zeh geht hinter der Bordwand ihres Kanus in Deckung. Im nächsten Augenblick fliegen ihnen auch schon die ersten Pfeile um die Ohren.

Zum Glück sind die Indianer ganz jämmerliche Bogenschützen. Ihre Pfeile landen alle im Wasser oder bleiben in der Bordwand des Kanus stecken. Solange sie am Ufer stehen, kann den Kindern nicht viel geschehen. Aber als Roter Zeh für einen Moment den Kopf aus der Deckung hebt, sieht er, dass die Indianer zwei Kanus ins Wasser gelassen haben. Vier Männer steigen in die Boote und paddeln schnell auf die Kinder zu.

„Und was machen wir jetzt?", fragt Jenny.
„Wir lassen unser Kanu kentern", erwidert Roter Zeh.
„Wieso dass denn?", fragt Jenny überrascht.
„Damit die Indianer glauben, wir wären ertrunken", erklärt Roter Zeh.
„Sehr gute Idee", lobt Jenny.
„Es gibt nur ein Problem."
„Welches?"
„Ich werde dabei wirklich ertrinken. Ich kann nämlich nicht schwimmen", gesteht der Indianerjunge.
„Halt dich einfach an mir fest, dann kann dir gar nichts geschehen."
Weil die Indianer mit ihren Booten jetzt schon ganz nah sind, fängt Jenny an, das Kanu hin und her zu schaukeln, bis es umkippt und die beiden Kinder im kalten Wasser landen.

Die Heimkehr

Jenny schnappt sich Roter Zeh am Kragen und zieht ihn unter Wasser. Die Kinder tauchen so lange, bis sie weit genug von der Stelle entfernt sind, an der ihr Kanu gekentert ist. Als sie wieder an die Wasseroberfläche kommen, schnappt der Indianerjunge gierig nach Luft. Jenny bleibt ganz ruhig und beobachtet die Männer in ihren Booten. Sie sehen sich suchend um, können die Kinder aber nirgendwo entdecken. Nach einer Weile zucken sie ratlos die Achseln und paddeln zurück ans Ufer.

Jenny schwimmt Roter Zeh zu einem Baumstamm, der auf dem Fluss treibt. An dem Baumstamm hängen noch ganz viele Zweige und Blätter, zwischen denen sie sich gut verstecken können, falls die Indianer mit ihren Booten doch noch einmal zurückkommen. Die Kinder klammern sich an die Äste und sehen ihrem Kanu hinterher, das mit dem Kiel nach oben gerade hinter einer Biegung des Flusses verschwindet.

Aber Jenny glaubt nicht, dass sie es wirklich bis dorthin schaffen. Das Wasser ist eiskalt und beide Kinder frieren schon jetzt ganz fürchterlich. Am liebsten würden die zwei Freunde sofort wieder nach Hause. Aber das geht ja nicht, weil die Strömung viel zu stark ist, um zurückzukehren. Außerdem dürfen sie dort keine Freunde sein und deswegen kommt Umkehren nicht in Frage, so sehr sie beide sich das auch wünschen würden.
Während Jenny und Roter Zeh auf ihrem Baumstamm den Fluss hinuntertreiben, schauen sie sich immer wieder um, ob die Indianer in ihren Booten hinter ihnen her sind. Aber da ist niemand, nur ein paar Biber, die am Ufer sitzen und ihnen neugierig nachschauen.
Plötzlich hören die Kinder ein lautes Heulen, Jammern, Stöhnen und Seufzen.

Als sie um die nächste Biegung des Flusses kommen, erkennen sie, woher die seltsamen Geräusche stammen. Am Ufer des Flusses hocken zwei Männer und weinen wie zwei Seehundbabys. Vor ihnen auf der Sandbank liegen die nassen Vorratssäcke, die Jenny eingepackt hat, und das gekenterte Kanu der Kinder, in dem immer noch ganz viele Pfeile stecken. Die beiden Männer halten sich gegenseitig in den Armen, so als wollten sie sich trösten, und das sieht ziemlich komisch aus.

„Wo kommen die denn her?", fragt Jenny. „Und warum heulen die so schrecklich?"
„Vielleicht glauben sie, dass wir zwei im Fluss ertrunken sind", antwortet Roter Zeh. „Wahrscheinlich haben sie uns schon den ganzen Tag gesucht."
„Hallo, Papa!", brüllt Jenny, so laut sie kann.
„Hallo, Papa!", brüllt auch Roter Zeh.
Die beiden Männer hören auf zu heulen und sehen sich überrascht um. Aber außer einem Baumstamm, der im Fluss treibt, können sie nichts Außergewöhnliches sehen.

Jetzt endlich haben die Väter ihre Kinder entdeckt. Jenny und Roter Zeh strampeln mit allen vier Beinen, um den Baum an Land zu steuern. Ihre Väter springen jubelnd ins Wasser, um ihre Kinder wieder in die Arme nehmen zu können.

Sie sind so glücklich, dass die beiden noch am Leben sind, dass sie sogar vergessen mit Jenny und Roter Zeh zu schimpfen.

Zurück am Ufer macht Jennys Vater schnell ein Feuer und Roter Zehs Vater sucht Kräuter für einen Tee, der die Kinder aufwärmen soll, nachdem sie so lange im kalten Wasser waren.

„Ja, ihr!", sagt Jenny.
„Wenn ihr uns nicht verboten hättet, zusammen zu spielen, hätten wir nicht abhauen müssen", erklärt Roter Zeh.
„Jenny ist nämlich meine allerbeste Freundin."
„Und Roter Zeh ist mein allerbester Freund", ergänzt Jenny. „Aber jetzt erzählt uns endlich, wie ihr hierher gekommen seid."

Ihre Väter haben sich sofort auf die Suche gemacht, als sie gemerkt haben, dass Jenny, Roter Zeh und ein Kanu verschwunden sind. Weil der Fluss so viele Kurven macht, sind sie lieber zu Fuß los. Da konnten sie abkürzen und waren so viel schneller als die Kinder in ihrem Boot. Zuerst haben sich die beiden Männer nur gestritten, aber je länger sie zusammen unterwegs waren, desto besser haben sich die zwei verstanden.

Jenny und Roter Zeh stoßen sich in die Seiten und grinsen heimlich, denn das haben die beiden Kinder ja schon immer gewusst.
Dann machen sich alle zusammen auf den Rückweg. Weil Jenny und Roter Zeh so erschöpft sind von ihren Abenteuern, Gefahren und Strapazen, dürfen sie auf den Schultern ihrer Väter reiten. Die packen nur noch schnell ihre Sachen zusammen, dann geht es zurück in die Blockhütte und ins Indianerdorf.

Als ihre Väter zu Hause ankommen, sind die Kinder eingeschlafen. Ihre Mütter nehmen sie glücklich und erleichtert in Empfang. Jennys Mutter bringt ihre Tochter ins Bett, und Roter Zehs Mutter legt ihren Sohn auf sein Schlaffell.
Am nächsten Morgen treffen sich die Freunde am Fluss. Sie bauen ihren Staudamm weiter, damit es der größte und schönste Damm der Welt wird.

Schön, die zwei wiederzusehen.

Ich habe sie schon vermisst.

Mal sehen, was sie morgen anstellen.

Rätsel

Wer sagt was? Kannst du die Sprechblasen den Bildern auf der rechten Seite zuordnen?

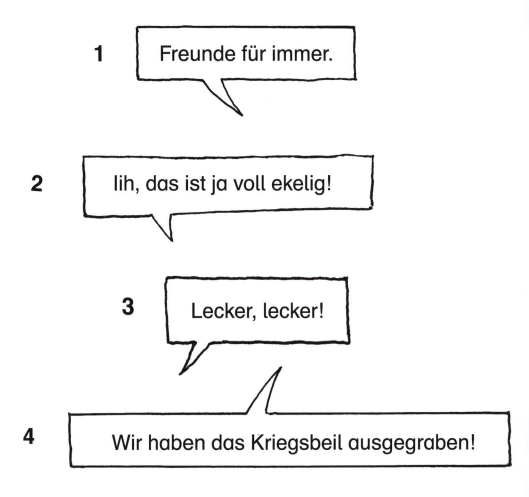

1 Freunde für immer.

2 Iih, das ist ja voll ekelig!

3 Lecker, lecker!

4 Wir haben das Kriegsbeil ausgegraben!

Ravensburger Bücher

Gemeinsamer Lesespaß für dich & mich!

- Lange Texte zum Vorlesen für geübte Leser
- Kurze Texte in Sprechblasen für Leseanfänger

Rüdiger Bertram / Heribert Schulmeyer
Die allergefährlichsten Piraten der Welt
ISBN 978-3-473-**36428**-2

Usch Luhn / Nina Dulleck
Prinzessin Lilas abenteuerliche Reise
ISBN 978-3-473-**36429**-9

Martin Klein / Markus Grolik
Drache Schulze und der oberfiese König Schmidt
ISBN 978-3-473-**36457**-2

www.leserabe.de

Ravensburger Bücher

Lesen lernen mit Spaß!
In drei Stufen vom Lesestarter zum Überflieger

ISBN 978-3-473-**36449**-7   ISBN 978-3-473-**36437**-4   ISBN 978-3-473-**36438**-1

1. Lesestufe

ISBN 978-3-473-**36454**-1   ISBN 978-3-473-**36440**-4   ISBN 978-3-473-**36441**-1

2. Lesestufe

ISBN 978-3-473-**36456**-5   ISBN 978-3-473-**36442**-8   ISBN 978-3-473-**36444**-2

3. Lesestufe

www.leserabe.de

Ravensburger Bücher

Leichter lesen lernen mit der Silbenmethode

ISBN 978-3-473-**38542**-3* ISBN 978-3-473-**38545**-4* ISBN 978-3-473-**38546**-1* ISBN 978-3-473-**38548**-5*
ISBN 978-3-619-**14353**-5** ISBN 978-3-619-**14352**-8** ISBN 978-3-619-**14450**-1** ISBN 978-3-619-**14451**-8**

ISBN 978-3-473-**38550**-8* ISBN 978-3-473-**38543**-0* ISBN 978-3-473-**38544**-7* ISBN 978-3-473-**38547**-8*
ISBN 978-3-619-**14452**-5** ISBN 978-3-619-**14354**-2** ISBN 978-3-619-**14355**-9** ISBN 978-3-619-**14456**-3**

ISBN 978-3-473-**38549**-2* ISBN 978-3-473-**38551**-5*
ISBN 978-3-619-**14457**-0** ISBN 978-3-619-**14458**-7**

* **Broschierte Ausgabe** bei Ravensburger

** **Gebundene Ausgabe** bei Mildenberger

 Mildenberger Verlag

www.ravensburger.de · www.mildenberger-verlag.de